Eurofobia

Paola Paula

Eurofobia

Copyright © 2015 Paola Paula

Por el ojo de la aguja Editorial

porelojodelaagujaeditorial@gmail.com

www.porelojodelaagujaeditorial.com

Diseño de Portada y Maquetación: Fiorella Vano

Fotografía de Carátula: Beto García

Revisión de Edición: Nelson Jiménez

Primera Edición: Lima, Septiembre del 2009.

Segunda Edición Miami, Octubre del 2015.

ISBN-978-612-00-0074-8

Impreso en los Estados Unidos de América.

EUROFOBIA

Al canto solitario de la muchacha peruana.
Blanca Varela

Fluxus tabaco mojado

I

Grito en el camino
me siento viva
al embriagarme.
Tras la ventana
la lluvia no ha cesado
el devenir tampoco.
Verde nacimiento
árbol se desliza
razón
tóxico latido
aire
oleaginoso
exhala.
Oh lluvia
Whisky liso
tronco caduca
hoja lluvia.
Oh lluvia
llueves
lloras tu pre-historia en *Nueva York*
entre moradores
en la calle occipital transitada de elipsis
en la calle-estado de la memoria plexo.
Solar macerando tiernos hinojos
con sol de libélulas en la flema fluorescente.

Patria donde los chicos van al *army*
dominicano, mexicano , colombiano

Paola Paula

pantallas digitales en los cementerios de Nueva Jersey.

Calla
con quietud observa
en el *subway*
hay monitores
/ nanocircuitos como mazorcas
y setenta dólares el barril.

En la cosmovisión del charco
es hora de brillar crisálida
caer   cabalgar
entretenida   multitud .

II

La lluvia
son mariposas que danzan
millones de pequeños cuerpos
caen al abismo
no se detiene la música
el compás desigual que las convoca
sin sentido
a continuar.
Del cielo cerrado de nubes brotan
como ríos dispersos
encuentros frágiles
y versos
que escupimos
sin comprender

Paola Paula

III

Saliva
tu acidez es tan espesa
profunda como bocanadas
de cigarrillo sin filtro.
Como virutas de aserrín de un bar
en una noche cualquiera
de mi recuerdo
en *Lima*
en que fumé mi corazón
mirando tu rostro
ralo y celeste como un terciopelo.
Brillan mis mejillas avergonzadas
en la piel cenicienta
hemos bebido más de la cuenta
un bermejo océano de palabras
una hoguera.
Nacen de un papel
nuestros nombres
mi boca no puede pronunciarlos.

IV

Ciudad
en tus calles
con muros
electro-paradigmas
dollar-euros.
Gusta
gusta tu bandera
gusta la residente tarjeta.
Comer en el *burger Green.*
Tomar cerveza.
Tener hijos nevera
coche, hipoteca
remesas
para tus otros al sur.
Des-pigmentar
y jamás
fumar
del american blend.

Paola Paula

V

Central Park
pajaritos y ardillas
Perro orina dorado
el oliva pasto.
Obesa /delgada morbidez
multitud de miembros
horses   horses
móviles al unísono.
Sonríes
What happen?.
Huye mi aliento
con estupor caníbal
escapa
por el sediento *bonsái*.
Destello gris,
del monumento aceituna
y de la máquina.
Es atardecer alcachofa
cuando te preguntas
a dónde van
y ellos te miran
en cada capa
de sangre y pétalos.
Very nice.

VI

He pensado en Lorca y Vallejo
en cómo entender
la translucida distancia
el tiempo
la velocidad
pornográfica de los párpados.
He pensado en el interior
de una habitación-cocina.
Sofá cama y nevera
una ventana que no da a ningún lado
una pantalla que aquieta
el pensamiento
como un jardín zen
así no ver
a los camiones sobre el asfalto
sudamericanos   africanos
en *Ceuta, Tánger*
detenciones
en eurozonas
que se endurecen.
Los G-7 bancos centrales que cooperan
para regular
clandestinos reclusos hasta doce meses.
Mexicano que cruza el verano de Arizona
con tanto desear
desear estar para huir.
Hay cosas que simplemente
llevas adentro

VII

Estás
te he visto como a la niebla
envolviendo una mañana
entre el humo retratado
me paro frente a tu ojo.
Grande como un gran espejo
te reconoce mi ser
excesivamente púrpura.
Ríes, tengo vértigo
del plumaje y el pico
beso el corazón de las lilas
los estambres del cuello iluminado
una almendra aparece desbocada
en espiral
me muestra un camino hasta el centro
tejido de luz entre sombras
en el claroscuro surge un encuentro.
Eternidad   eres una foto
Y no puedo adivinar tus afanes

VIII

Dime cómo fue el día a día
en el Puerto de *Ámsterdam*
después
después
del combate perdido
como un granadero francés
entre los ciclones de Egipto y Siberia.
Proas barbudas en los muelles
hombres de la mar
duermen cuatrocientas toneladas de petróleo
curtidos y atezados
a fuerza de dibujar sonrisas
en el viejo casco, *Jacques Brel,*
para los que te ven erguido
sin saber cómo fue
sin saber por qué sufres con heridas
reencarnadas.
Unas mueren y otras nacen
mortales heridas de muerte.
En tu nueva piel demonizan
promesas
con suaves grietas que se esculpen.
Los acordeones languidecen
en el puerto de Ámsterdam
en *Hamburgo, Barcelona,*
Nueva Orleans y *Seattle*
Sabes de la ira en la tensa mandrágora
Y tardes de ahogo

17

en telas demasiado blancas.
El llanto del ciprés se tose
afuera en el barrio rojo
en los urinarios
en el fondo-fondo del vaso
de bebedores, golfas y magas
que te besan
la línea de la vital pezuña
desesperados besos
en los cuerpos débiles
terquedad para fallar
cada intento
y con una copa de absenta recuerdas
Agustine nigeriana ,casuística infinita
intenta llegar a España por Melilla
pero deja la vida en el oleaje
también una oferta
para sus dos niños cardenales.
Heridas de muerte,
marineros
una
noche
más

bajad la voz

IX

Bolas de sangre
circulan en mí
como coágulos.

Espacios.

Grandes círculos.

Me he mirado el rostro
fatigado
y comprendido
la importancia de lo bello
de lo joven.
Masco goma
y me repito
(en lo alto de las copas
mientras me sueño larva).
Esa piel no existe más...

Eternas las imágenes
Y los gritos
presentes en cada marca de mi cuerpo
en cada ciclo de lo desovado

A dónde deposito la
caspa de mis grietas profundas

Me acuesto otra madrugada

Paola Paula

tan aburrida
y decepcionada
como ayer.

X

Mis *senos*
son criaturas que me devoran
me hacen morir
y nacer dentro de un epicentro
con habitaciones de vientres oscilantes
y laberintos
brota de ellos
leche pardusca
un nervio que huele a orgías cardamomo
brota *Safo*
y se desdobla
en el oráculo
de coca cobriza   *lúcuma*
por eso ala seré
polen
férula
y menta silvestre

Paola Paula

XI

He pensado en ti Antonio Bretón
desde la noche en que te conocí
entonces nos supimos cómplices
de la risa en canto *yoruba*
de los tambores
del tiempo que se detiene
de los rezos que embriagan
y noches mientras
camino
las habitaciones
de la memoria
irakere.

He dejado volar unos cuantos pájaros
en la vigilia, amanece
entonces vuelves
aéreo
vestido de niebla
en la casa de *Changó*
recito
una oración en el centro
de los espacios circulares
        -algo de ron voy vaciando
          Pa´ los santos-

hasta que me nacen ojos manuscritos
con palabras que vuelan como insectos
de la realidad de luz y sombra

puede la piel ser dibujada con
migas de pan
sin reconocer su
condición de frágil superficie de lluvia,
la lluvia
que moja de colores nuestros cuerpos
en destellos líquidos
donde peces van saliendo de mi boca
arrastrando el mar
entrañas
de turquesa, naranja
azul
ocre
y
tengo miedo de
mi otro espíritu que no recuerda
el olor a la tierra húmeda.
Si regresas Antonio,
quizás podamos beber un poco de la luna
y escupirla frente a *Miramar*.

Paola Paula

XII

La noche aparece
y las calles
desde adentro,
el tiempo ha colapsado como la vieja *rockola*
unas cuantas monedas
marcan nuevamente el compás de una *bachata*.
En la penumbra
unas muchachas aguardan su turno
de ser elegidas.
Visten las muchachas faldas cortas
y niños que las esperan en *Veracruz* y *Puebla*
lucen en el rostro rubor de un dólar,
sombras
y lágrimas que disimulan
con el crayón de cejas

No Social Security.

No English.

Las muchachas se miran ellas
la piel oscura.
Una cerveza *Corona.*
La vigilia.

XIII

Frente a las lunas negras
que son tus ojos
Miles Davis
entona aguda la trompeta
trayectoria
desigual
compás de ausencia.
La cadencia de mejillas
flexibles que dibujan amaneceres
para no despertar.
Otra vez
el reloj marca las cinco
el humo rodea de aflicción
a los que no temen
y sólo nos queda la piel
de los párpados
verde veronés
plegados como pajaritas

Paola Paula

XIV

Te camino *williamsburg*
con frutas en los pies
te camino *brooklyn*
tus edificos rojos me gustan
el no estar peinada
el reír en
el sofá de *La casa de Sandra*
el café tinto de *Colombia*.
El barrio.

XV

Llueve
Afuera noche llueve
en la vereda
moja
cobalto
humedad, ardor
al amanecer y olor a pan.
Esas chicas van como las de *Arlés*
sus frugales pies dejan huellas
de viscoso éter
manchas, *píxeles*
van evocando a *Signac*
con *fata morgana* poco severa.
Aquel frío se parece
al barrio de *Jesús María*
en las calles *Huiracocha*,
Arnaldo Márquez,
obreros desempleados
algún funcionario
alguna jubilada,
alguna *persona decente*
que calla su pobreza
y se abraza
a un colchón estrecho de agridulces *limas*
noche con carteles de *Vincent* en
la pared
estrellas gusano,
cuervos en campos de trigo.
Constelación cítrica.
Polvo de neblina

Paola Paula

XVI

Esta ausencia de bisexual musa
es tan terrible
antes creía que podía decir *soy poeta*
pero he buscado
y encontrado
un camino escalonado
en el hueso profundo
de una flauta espigada
en su ombligo, gruesos orgasmos.
Toco el tubular tuétano
Y recuerdo que hay
estantes con muchos libros
que no acabaré de leer.

XVII

Débil el tono de tus palabras
el contacto de tus manos
débil despedida,
mirar en esfera
mentón
débil
curva inquisidora
encendido *aparatoplayer*
de úteros en oración para *Manfreda Visconti.*
Desde el 1300
se escriben mensajes
sin acentos papisa.
Emperatriz.
Black magic woman.

Paola Paula

XVIII

Señora
cara lavada
cuando
te miras con cuarenta.
En el espejo.
Se despiertan.
Sonrisas.
Los domingos al caminar por Cibeles.
Plaisirs du Visage.
Tónico sin alcohol.
Leite sem alcohol.
Hidratante.
Suave.
Refrescante.
Señora.
Glycerin.
Palmitate.
Ostrea.

XIX

Créeme
cuando te miré
en la distancia
quise interpretar
el código
de la sonrisa a la mitad
el hola
de los ochenta
INXS U2 The Cure
sonando en los *casetes*
de los escarabajos
sonido con cubatas de *Bacardí*
y risas de universitarias agazapando la no-*virginidad*
en los ochenta
cuando tú y yo íbamos a la disco en fardo auxiliar
con los estallidos nos evadíamos
virales en nuestra danza
monumental y oscura hasta las diez.
Doce fardos en los ochenta
en las calles de Lima.
Doce han flameado junto a perros con carteles
que dicen *Deng Xioping*.
Y pueden también verse en noventa segundos

XX

La noche larga
interminable en mis manos.
Boca detenida
cuando flotas entre nenúfares.
Te doy mi sangre
mi sangre,
que fluye
y me rasga la garganta
así como
tu beso azul anoche
de *palosanto ámbar*
con luz de incienso.
Acaríciame luz.
Llora luz
ignorante a esta muerte de lecho
de pies fríos deslucidos sin frutas.
Sola en el río
huérfano
que resbala por mis piernas
con líquida gema
de agua-ambrosía.
Y el recuerdo de tu sombra
me persigue
evocando tus muslos de corteza.
En la noche larga
me estiro la piel del corazón.
Terso es el crepúsculo.

XXI

Cósmico y pedrestre
pedrestre
cósmico el sonido
de la piedra madre espeluznante
que oculta
el apu
pedestre también la sombra
el recurrente sol.
Y el volver.
Cuando vuelvo y veo la nube
el dios fálico
el reflejo de la columna.
Ondulantes ojos.
En la tierra y su horror
en el tiempo.
Todo igual.
Todo igual.
Las mentiras, igual.
Pero surge tu recuerdo *Sacsayhuaman*.
Y la religión.

XXII

Morir
a mis recuerdos
a la ansiedad por la luz
al punto ciego de mis miedos en la sombra
a mis contradicciones
a la falta de certezas
a la advertencia de mañana
al fracaso
al *diazepam* sin receta
a la lucidez del insomnio
a tu larguísimo cuerpo
a tus huesos como espadas
a tu espantosa ausencia
a la falta de ambos
a la *displasia de amorosas células.*
Morir con el alma tan partida y única.
Y apagar la TV antes que haya terminado el Tele-
diario

XXIII

Me dejé caer.
Etérea
en los metálicos laberintos de un puente
como una botella de agua sin gas
caer
con la prisa de una navaja
y con cada sonido del reloj   envejecer.
En el recuerdo
soy la muchacha de marfil oscurecido
de falda estampada
labios delineados en forma de olas
y el corazón
agazapado
en el pecho.
Muchacha oruga
hojalata
gemido de molusco
solitario
en un rabioso puño
de rabiosas uñas que nos sobreviven
en la escapada.
Al caer me libero de los espacios
de la espera
de la resaca del viaje.
No tengo más posesión que una bolsa china
y el recuerdo de paredes sin *tarrajear* en Sudamérica.

Al caer etérea no me hace falta el dinero
ni las habitaciones
en la eurozona de inmigrantes
sudakas
espaldas mojadas también.
Ahora veo nuevamente
A la mujer que siempre me mira en la estación *Legazpi.*
Tiene la cara de alguien que se llama Carmen
y lleva una máscara de pestañas corrida
las cejas azules   unas copas de vino
de más.
Todos la conocen
Carmen
te pide que la lleves contigo por nada.
Todos los viernes de madrugada
cuando el vagón frena
y parece que no se abren las puertas para descender.
Sin tocar el fondo-fondo
me levanto y persigo
la orilla del puente onírico
mi tabaco está mojado
también los rostros de personas que me cuentan
sus historias
donde habitan
galerías de níquel cúpulas
donde ríen muchachas que explosionan
como misiles
ríen bien adentro
como en un sueño negro de averno
donde duelen las alas

que pesan
que caen.
Saco de mi bolso una aguja azul
para coserme un *círculo mágico*
de protección en el vientre
muy despacio sentir
la sangre turgente
al hundir mi mano
de pez fresco
brota de un costado
un enjambre de ciegos caracoles
parecen los fetos abortados de sufridoras novias.
En cada persona de la estación Legazpi
veo niños que ríen inconscientes
sin recordar a quienes los degollaron en el barro
en el tiempo
de acecho a los niños rojos.
Veo también sus ataúdes sin cruz
donde habían también estatuas de cristos
pájaros
señoras con flores
entre excrementos
dando limosna
señoras que voltean la mirada
no se enteran de los
que nunca volvieron a casa
y se quedaron con espigas de color salmón
rotas
entre las manos.

Paola Paula

Software para una desiderata

Es difícil hablar.
Y replicar al monólogo-lúcuma en el diafragma
en intentos
sin un inicio ni un fin.
Una copa desbordada de silencios,
ideas
sueños, frustraciones, deseos
contemplo conteniendo
los deseos de orinar.
No existe un orden
hay muchas maneras
de pasar página
sin humedecerse los dedos
y hacer el ritual
del caos previo al diálogo
de tú a tú.
Hoy es un buen día
para *hurgarse*
entre las mentiras analógicas del ahora
entre esas definiciones
sobre el mundo
y los otros
entre la consecuencia
y el sentido
de la búsqueda
esta vez
no hay metáforas
frases ingeniosas y recursos

todo es simplicidad
desnuda.
Paz
láctea
mi piel
sin maquillaje
en corteza de nata
ph neutro
y si soy horrible
qué más da
puedo abrir la puerta
y sentir la casa
tan normal.
Pido prestado un fondo
para gemir
inmune.
En el trapecio está el
saludo
de la solemne
razón.

Paola Paula

Chica con lágrima III

Altura que huele a pájaros
que lleva potente luz
en su delgada curva
que brota
de la memoria
de los marineros
una explosión,
un navegar de nubes albas.
El aire frío de los gatos
intensidad en el vuelo
oscuridad y deseos de reír con el
mar
en el corazón
en *Madrid*
sin playa
una otra realidad ríe
una oportunidad de despertar
burlarse
de la resaca del sueño
abren sus ojos los seres
que habitan en la atrocidad
del tiempo
ellos
nadie los reconoce
ni yo a la distancia
luminosa
como cuarzo en el ojo
de la chicha con lágrima.

No somos nosotros
no es *Lichtenstein*
transparencia fugaz
tras el lienzo
en la poesía y su descomposición.
Para qué escribir versos.
Para quién.
En el eterno retorno.
Todo se repite.
Todo y cada
cada vez
que llego a una habitación
me fijo en las cortinas.
Siento
el desafío
de las cosas
que están por encima de
los seres vivos que moriremos
cuando otros despierten
en la obscuridad
de la transición.
Hay algo
en lo que tengo certeza
que mis uñas
no dejarán de crecer
mientras
sus bocas sigan danzando
en una frecuencia
dialéctica
y ya no pueda contemplar

Paola Paula

al gato *sam*
sobre la mesa
al ojo
sobre el abanico
en
la
orilla
parda
a la mujer húmeda
con geranios y falda de arena
al *sinsentido* de un domingo,
a las manos vacías
que regresan a casa.
Olvido
que se revela
en la inocencia del color.

Bardo okupa

En pulsación anímica
me quiebro la lombriz
la intestina emoción hurga
en la fina envoltura
embriones de ajo.
El diamante grisáceo con una espiga canosa como
un diente de plata
intermitente.
Mañana tampoco podré esculpir.

Paola Paula

Vete a tu país
Vete
fea y borde Paola
vete con tu pelo de alcanfor
con tu 47311002-w
Oh Paola
Madrid son escalones
contrarios a tus arcanos
sientes un absurdo baho nogal
en sus veredas
escalera del subterráneo te atrapa
en la línea seis
te atrapa por cinco euros la hora
un infrajobs
un trabajo de no persona
se te paga por las arcadas
por el *rancio borbónico*
por la paleta de ibéricos
morcilla chorizo
gambas a tres menos cuarto
trabajas en un gabinete
a veces crees que estas muerta en el deja-vu del
espejo
cuando miras largamente la niebla *pijoaparte*
su resina
en las terrazas
al pie de la ventana centinela   de   europea unión
te reconoces ciudadana del tercer cuarto mundo
dimensión en la que fumas puritos *coburn*
con facturas de filtro caoba

sabes que algo no has hecho bien
y desdoblada
al final del espiral
te ves con tu mándala
con tu om de Paula
　　　/tu única hija,
　　　　sin cancelaciones/
así compartiste tus silencios en una habitación
a dos
tres epifanías
en *Móstoles* un reino transfigurado
por dos cientos setenta euros;
se te concedió la gracia de hacer las compras en el
Día
la orfandad del pasaporte del *padre-paellador*
semillas,
pasta,
lácteos
el fin de semana bebiste en cáliz *tetrabrik*,
vino de caja
con *Ela Fitzgerald*
Tenderly.
Ahora sabes que
esa canción suena a *palo de lluvia* y ese es tu cetro
Amazonía.
UNO trémulo
deja de repetirte
y en el enfado
llévate.

Duerme María
qué ámbar mezclado
en la piel
bambú
y sueño de angustias submarinas
lágrima temible
llanto sinfónico escrito
en la curva horizontal del silencio
María la noche devora
a tus niños en la habitación herida
duerme
La faz melocotón de Paula
su espalda brillante junto al anaquel
beatitud en los párpados.
Y reposo de los piojos
en Tomás, Carmela, Clelia
Ernesto tripas-tambor cabalga *Horses*.
Así, luego escudriña
y no te sale más ninguna *vox huesuda*
despierta
despierta
mamaría.
El lecho es sordo.

Y vuelve arrebato
VÍSTETE de península
pierde las llaves
los siete dialectos.
Sal a la calle austral
cuenta tus pasos
tus cinco centímetros de tacones
te paras mejor con *Trilce*
Creces.
Hay un tiempo de blues en tu cabeza
un tanto *Lightin Hopkins*
donde no te buscas más.
Un *morning blues Lucha Reyes*
un lugar donde no cumplir ningún deber
morning blues en una habitación pitagórica
morning blues al juntar burbujas de cal en el riñón.
A veces no te queda saliva ni para escupirte la pena.

Paola Paula

Han blindado sus torpes presagios
calado en la nuez
se ha tatuado en el asterisco
un Cid que siente vergüenza
un falo flamenco
de oscura erección
débil nocturno en la parafina.
Boreal arco
sin rebeldía
nunca es tarde
nunca
para expectorarse la soberbia languidez.
Es el Perú *oye*.
Hay soledad como ventosas en el dragón bufo
corazón *peruviano* de
efluvios orgásmicos en coito interruptus
Madrid, una huida.
Hispania,
Un nicho lejano
que no deseas merecer.
Se prefiere beber del vaso en su travesía
beberse los conjuros de Goya en el cristal
sordo sueño en la quinta de cualquiera
orfandad a la hora del rayo
excitado por la gravitación
y vamos esquivando los pliegues.
Cabelleras frente afuera y arcadas dentro
arcabuces orejudos
patriarcas que no escuchan el cantar de los gallos
a las cinco en punto

allí
allí
donde son visibles los escaparates crepusculares
y las cejas sefardí.

Paola Paula

Hoy es la fiesta del tabaco
alquitrán leñoso
viaje cubierto de magros hilos
cuerda que se enhebra al fondo-fondo
paroxetina
vía espiral.
Mallorca espera a *Patti Smith*
Camí de la vileta, carrier
llevamos poco equipaje
llevamos a la muñeca *Bovary*.
Porcelana sucia
dos niñas de catorce y tres
labios de uva con
carbón mojado.
Alguien te cierra la puerta para no oírte llorar
pero los Caminos te llevan
a una casa de almendras ocre
ciegas hélices ríen.
El dolor dio paso a la videncia que inflama
en la fiebre.

El ser dormita en su untuosa córnea.

Eurofobia / Fluxus tabaco mojado

Poema de amor a un mirlo.

El alfabeto de la montaña
une nuestros destinos en la rueda
en la memoria-ganglio de los bichos
en tu piel sin sal
sin sombra
desvelo los silencios cuando el sol aparece
acero mira puñal en tus cabellos
acero hasta que atora la palabra adentro pared
de la Taza con brotes de resplandor
sin subterráneo
sin caminos que despiertan
trémula es la faz de escama
he de mirar la ruta,
no perderme
en el ladrido de los perros
frente al eclipse
amado llévame
al bosque de torres
al viejo laberinto
muéstrame la yerba de tu cuerpo espléndido
llévame
cuando te evoque
cuando pronuncié tu nombre en la cal
y nos abandone la euforia
la sonrisa
el abrazo de los ojos
la fiebre azabache de tus cejas
voy hacia

Paola Paula

las vocales misteriosas de los lirios
en el lecho sin hogueras
sin pétalos de soja.
Exhalo la atmósfera de los goces
y cubierta del *algive* me abrazo y huyo del espanto.

Clelia ha despertado
sus inmensos ojos
son pozos prietos.
Mira desde el altillo.
Un árbol
sangran las hojas de su paraíso
sangra el plato intacto
las huesudas astillas
de su fetal memoria.
Los huevos de pato.
Y pan con tomate
el olor a tafetán.
Salina banca en
el prisma turbado
de aquellos mármoles.
Hay restos de luz profusa
migajas con azafrán
un pez alado bromista
en vigilia acuosa.
Pez-pájaro con inútiles pezuñas.
Pez que sale del camisón
que acaricia con vanidad
sus pezones de dátil
y vuela hacia
el mar aceitoso del puerto
Pisco en tu recuerdo
es la ceremonia cadenciosa de la espina
la saliva perlada de los hermanos
la urgencia del trapecista de madera
diálogo desesperado.

Paola Paula

e irresponsable sombrero
sin monedas
sin saltimbanquis
línea que farda de la locura.
Sin una añil enfermera que te abrace.
Con su lejía y su hollín.

El amor es inteligente
en abstracto
sentados escuchamos a *Kurt*
alguien me mira y sabe que es muy desgraciado
alguien me mira y sabe que va partirse el alma
desafía la lluvia
su refugio de lechos y ninfas estúpidas
se quita el *brassière*
muestra el pecho inmóvil.
Su amor parece fuerte
como el *baobab* que le atraviesa el tórax.
Quiere algo y no esta triste
Pero le pesa el camino

Paola Paula

Guardarlo todo
como una fotografía que presume
en la mente
reconstruir el anticipo de la substancia
el revés de los objetos
la habitación.
El dios-murciélago
que aletea junto al maíz
Atraparte
Atrapar.
Tu espalda de ventosas
como aros ciegos bañados de luz.
Tengo los ojos abiertos en la obscuridad
y es púrpura.
Yo soy un pez de escamas mal cosidas
voy a atravesar el horror de la luna.
Quitarme uno a uno los alfileres
algo permanece intacto.
Una Yocasta viene para succionar rabiosa
mis pequeños tentáculos
me hago un ovillo
no le temo
soy el cráneo que gira sin duende.
Un costado de nata para el pastel de arroz.

Eurofobia / Fluxus tabaco mojado

Lavarte la cara
abrir más los ojos
mirarte el espejo
muchacho rubio de *Seattle*
te gusta tu pelo
te gusta el olor de los espíritus
te gusta perder la lluvia.
Comer zanahorias
encontrar la lluvia en el cesto
encerrarla en una caja
nadie la oye.
Sólo tú,
Gozo eterno
energía.
Con luz *zenit* que parece gemir
parece apuntarte como flecha.
Hay un indio que toca el tambor
un sonido macizo
te invade al otro lado de la pared
un olor a tabaco
mírate bien
los mechones cenicientos.
El sexo amarillo
los dedos mojados
en el infinito temblor.

Paola Paula

Mi bella orca
mi bella devota de *Leonard Cohen*
vas surcando los pliegues de tus sábanas.
Hinchada y feliz
Hinchada y triste.
Las tardes no te gustan
no te gusta cenar
no te gustan las palabras
cuando miras el eclipse de mercurio.
Osea el floro no te gusta
no te gusta que te mientan
no te gustan los vacíos llenos
no te gustan los axilas cultas
no te gustan los matrimonios-vagina
no te gusta incubar ninguna certeza
te acuestas sin *corset* en la cama de *Frida*
te acuestas para buscarte un hoyo portátil
un vuelo rojo
un espacio para ser libres
un espacio para conducir a los
ángeles sofocados
de la tumba al viñedo
del viñedo a las fracturas
te acuestas con *Frida*
mutatis de la turbación omóplato
cabaret sauvage.
Huella y huella de pies sol
huella con pies sucios e irresponsables.
La la lam la la lam
La la lam la la lam.
Joan of arc.

Andrés Caicedo
tu nombre genial
me tira una piedra en la boca
me abriga feliz en la abotonada ciudad
de *Cali* y los días de la música
ramas como brazos en las córneas
lucidez
en la columna que blasfema
la mano roja.
Tu mano de tinta turbada
me ha arrancado los valles fatales
de *Escalona.*
La forma y la sombra
las pestañas de la piña.
Hoy tu granada
es una muchacha sedienta
una muchacha rasgada de *nylon*
la ceremonia en el éxtasis de sus calabozos
la odias por no haber aprendido amar.
No estás infecto Andrés,
te dices;
tómalo con calma.

Paola Paula

Where did you sleep last night
en *unplugget*
en *Nueva York,*
decir adiós
liberar
el maullido más *grave*
no neuyorican
detener tu mirada cavernosa
que se precipita con *Cobain*
sucesiones en el tiempo plasma
en el *garito* donde eres el pinche cocina
en el *garito* donde miras *videoclips,* Bar Buda.
La pérdida ha vencido
las frágiles empuñaduras vencidas están
los ojales desvencijados, los remaches
tristeza
digital
de *Facebook.*
Perdedor, perdedor
en la pertenencia
como el dogmático
del orto
que pierde la compostura
con la fragancia plateada del obturador
entonces en plano supina.
Alumbras la enorme uña
la zozobra de la nada explícita
rencorosa y aulladora
como una voz carnívora y castellana

Vox Castaneda que
devora a tu indio y su salamandra
jinetes regurgitan cocaína-caviar
en los aquelarres
en los mínimos conjuros
olorosa falda de cerdo,
también clavícula
rota carne en el hueso
rota lentamente lo
que no resulta anónimo
sonido de la piel crujiente *Smell*
barbacoa del año nuevo en *Birmania*
un tigre sin abad
Zen es como mostrar al tigre
Kung-fu de axilas internas.
Te endureces, *Shaolin*
non servium
odias la estafa moral
pero tú te dices perdedor
solo como un gitano con su *trapicheo*
solo con rumanos, polacos, angoleños
solo como el *Camarón sin lirios moraítos*
Facundo
bebe blanco finito.
En la barra donde espera a María
ecuatoriano-peruano piensa en el nirvana.
Piensa en cómo escapar de la alcachofa
las cañas servidas están
a la derecha e izquierda
piensa en salir volando como un

Paola Paula

Cuervo loco en el eje
de una esvástica.
Salir
de los *sin papeles*
de los sumergidos.
Untarse una barra de unicidad.

Vuelo rojo.

Indice

Pág.

Fluxus tabaco mojado

I.. 9
II.. 11
III... 12
IV.. 13
V.. 14
VI.. 15
VII... 16
VIII.. 17
IX.. 19
X.. 21
XI.. 22
XII... 24
XIII.. 25
XIV.. 26
XV... 27
XVI.. 28
XVII... 29
XVIII.. 30
XIX.. 31
XX... 32
XXI.. 33
XXII... 34
XXIII.. 35
Software para una desiderata.............................. 38
Chica Con Lágrima III... 40

Pág.

Bardo okupa
Vete a tu país..................................... 46
Duerme María..................................... 48
Y vuelve arrebato................................. 49
Han blindado sus torpes presagios............ 50
Hoy es la fiesta del tabaco...................... 52
Poema de amor a un mirlo...................... 53
Clelia ha despertado............................. 55
El amor es inteligente........................... 57
Guardarlo todo.................................... 58
Lavarte la cara.................................... 59
Mi bella horca.................................... 60
Andrés Caicedo................................... 61
Where did you sleep last night................. 62

www.ingramcontent.com/pod-product-compliance
Lightning Source LLC
Chambersburg PA
CBHW071241090426
42736CB00014B/3170